Mein großes Natur-Wimmelbuch

- Im Wald
- Feld und Wiese
- Hecke und Garten
- Bach und Teich

Mit Bildern von Christine Henkel

esslinger

Unter der Erde

der Maulwurf   die Spitzmaus

die Erdkröte   die Waldmaus

der Dachs

das Kaninchen    der Fuchs

die Hummel   die Ameise

der Regenwurm

der Tausendfüßler

der Engerling   die Assel

Der Wald in der Nacht

der Uhu
die Waldohreule
der Waldkauz
die Fledermaus
der Baummarder
das Glühwürmchen
der Igel
das Nachtpfauenauge
die Rehe
die Wildschweine

Der Waldboden

das Moos

der Steinpilz

der Fliegenpilz

der Pfifferling

die Blindschleiche

die Waldeidechse

der Salamander

der Laubfrosch

die Mücke

die Strauchschrecke

die Zecke

die Spinne

der Weberknecht

die Feuerwanze

die Fliege

Am Bach

der Wasserläufer
die Libelle
die Eintagsfliege
die Bernsteinschnecke
der Gelbrandkäfer
die Kaulquappe
der Teichmolch
die Ringelnatter
der Wasserfrosch
die Biene
die Schwertlilie
die Sumpfdotterblume
die Wühlmaus
der Iltis
die Kreuzspinne
die Stockente
der Graureiher
die Bachstelze

Auf der Weide

die Zauneidechse
der Storch
die Fliege
der Mäusebussard
der Kiebitz
der Zitronenfalter
der Löwenzahn
die Katze
das Kaninchen
das Reh
das Rehkitz
das Schaf
das Lamm
der Kuhfladen
die Kuh
das Kalb

Auf der Wiese

der Admiral der Kohlweißling
die Puppe das Pfauenauge
die Raupe der Schwalbenschwanz
der Kleine Fuchs
die Glockenblume
die Margerite
das Gänseblümchen
der Rotklee
die Wilde Möhre
die Erdhummel
der Weißklee
die Feldlerche

Unter der Erde

die Feldgrille
der Champignon
die Ameise
das Hermelin
der Engerling
die Herbstzeitlose
der Regenwurm
der Weberknecht
die Spitzmaus
der Ohrwurm
die Hain-Schnirkelschnecke
der Maulwurf

Im Winter

der Waschbär
das Rotkehlchen
der Fasan
das Eichhörnchen
das Hermelin (mit Winterfell)
die Elster
die Wacholderdrossel
der Steinkauz
die Nebelkrähe
die Graugans

Die Hecke in der Nacht

das Glühwürmchen
die Schleiereule
die Brombeere
der Waschbär
der Baummarder
der Jungfuchs
der Widder
die Königskerze
die Fledermaus
die Ringelnatter
der Gartenschläfer
der Rehbock

Am Komposthaufen

der Admiral
die Ameise
die Weinbergschnecke
der Tausendfüßler
die Kreuzspinne
die Hornisse
der Kürbis
die Erdkröte
die Spitzmaus
die Ratte
die Blindschleiche
der Nashornkäfer
der Mistkäfer
die Elster

Die Hecke im Winter

der Zitronenfalter

die Schmetterlingspuppe

der Engerling

die Haselnuss

die Haselmaus

der Hase

der Dompfaff

der Grünfink

die Goldammer

der Sperber

die Waldohreule

die Singdrossel

die Krähe

Am Bach bei Nacht

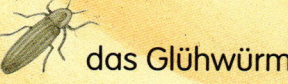 das Glühwürmchen

 der Feuersalamander

 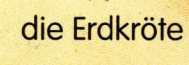 die Erdkröte

 der Weinschwärmer

 der Uhu

 der Maulwurf

 die Wasserfledermaus

 die Katze

 der Fuchs

 der Dachs

 der Igel

 das Reh

 das Rehkitz

 der Rothirsch